고려대 재미있는 한국어

말하기 Speaking

고려대학교 한국어센터 편

中文版

KU PRESS
고려대학교출판문화원

고려대학교 한국어센터는 1986년 설립된 이래 한국어와 한국 문화를 재미있게 배우고 효과적으로 가르치는 방법을 연구해 왔습니다. 《고려대 한국어》와 《고려대 재미있는 한국어》는 한국어센터에서 내놓는 세 번째 교재로 그동안 쌓아 온 연구 및 교수 학습의 성과를 바탕으로 하고 있습니다.

이 책의 가장 큰 특징은 한국어를 처음 접하는 학습자도 쉽게 배워서 바로 사용할 수 있도록 구성했다는 점입니다. 한국어 환경에서 자주 쓰이는 항목을 최우선하여 선정하고 이 항목을 학습자가 교실 밖에서 사용할 수 있도록 연습 기회를 충분히 그리고 다양하게 제공하고 있습니다.

이 책을 내기까지 많은 분들의 도움을 받았습니다. 먼저 지금까지 고려대학교 한국어센터에서 한국어를 공부한 학습자들께 감사드립니다. 쉽고 재미있는 한국어 교수 학습에 대한 학습자들의 다양한 요구가 없었다면 이 책은 나오지 못했을 것입니다. 그리고 한국어 학습자들의 요구에 부응하기 위해 열정적으로 교육과 연구에 헌신하고 계신 고려대학교 한국어센터의 선생님들께도 감사드립니다.

무엇보다 한국어 학습자와 한국어 교원의 요구 그리고 한국어 교수 학습 환경을 종합적으로 고려한 최상의 한국어 교재를 위해 밤낮으로 고민하고 집필에 매진하신 고려대학교 국어국문학과 김정숙 교수님을 비롯한 저자분들께 깊은 감사를 드립니다. 이 밖에도 이 책이 보다 멋진 모습을 갖출 수 있도록 도와주신 고려대학교 출판문화원의 윤인진 원장님과 직원 여러분께도 감사드립니다. 그리고 집필진과 출판문화원의 요구를 수용하여 이 교재에 맵시를 입히고 멋을 더해 주신 랭기지플러스의 편집 및 디자인 전문가, 삽화가의 노고에도 깊은 경의를 표합니다.

부디 이 책이 쉽고 재미있게 한국어를 배우고자 하는 한국어 학습자와 효과적으로 한국어를 가르치고자 하는 한국어 교원 모두에게 도움이 되기를 바랍니다. 또한 앞으로 한국어 교육의 내용과 방향을 선도하는 역할도 아울러 할 수 있게 되기를 희망합니다.

2019년 7월
국제어학원장 박성철

이 책의 특징

《고려대 한국어》와 《고려대 재미있는 한국어》는 '형태를 고려한 과제 중심 접근 방법'에 따라 개발된 교재입니다. 《고려대 한국어》는 언어 항목, 언어 기능, 문화 등이 통합된 교재이고, 《고려대 재미있는 한국어》는 말하기, 듣기, 읽기, 쓰기로 분리된 기능 교재입니다.

《고려대 한국어》1A와 1B가 100시간 분량, 《고려대 재미있는 한국어》말하기, 듣기, 읽기, 쓰기가 100시간 분량의 교육 내용을 담고 있습니다. 200시간의 정규 교육 과정에서는 여섯 권의 책을 모두 사용하고, 100시간 정도의 단기 교육 과정이나 해외 대학 등의 한국어 강의에서는 강의의 목적이나 학습자의 요구에 맞는 교재를 선택하여 사용할 수 있습니다.

《고려대 재미있는 한국어》의 특징

▶ **한국어를 처음 배우는 학습자도 쉽게 배울 수 있습니다.**
  • 한국어 표준 교육 과정에 맞춰 성취 수준을 낮췄습니다. 핵심 표현을 정확하고 유창하게 사용하는 것이 목표입니다.
  • 제시되는 언어 표현을 통제하여 과도한 입력의 부담 없이 주제와 의사소통 기능에 충실할 수 있습니다.
  • 알기 쉽게 제시하고 충분히 연습하는 단계를 마련하여 학습한 내용의 이해에 그치지 않고 바로 사용할 수 있습니다.

▶ **학습자의 동기를 이끄는 즐겁고 재미있는 교재입니다.**
  • 한국어 학습자가 가장 많이 접하고 흥미로워하는 주제와 의사소통 기능을 다룹니다.
  • 한국어 학습자의 특성과 요구를 반영하여 실제적인 자료를 제시하고 유의미한 과제 활동을 마련했습니다.
  • 한국인의 언어생활, 언어 사용 환경의 변화를 발 빠르게 반영했습니다.
  • 친근하고 생동감 있는 삽화와 입체적이고 감각적인 디자인으로 학습의 재미를 더합니다.

《고려대 재미있는 한국어 1》의 구성

▶ 말하기 20단원, 듣기 10단원, 읽기 10단원, 쓰기 12단원으로 구성하였으며 한 단원은 내용에 따라 1~4시간이 소요됩니다.

▶ 각 기능별 단원 구성은 아래와 같습니다.

말하기

도입	배워요 1~2	말해요 1~3	자기 평가
학습 목표 생각해 봐요	주제, 기능 수행에 필요한 어휘와 문법 제시 및 연습	• 형태적 연습/유의적 연습 • 의사소통 말하기 과제 • 역할극/짝 활동/게임 등	

듣기

들어 봐요	들어요 1	들어요 2~3	자기 평가	더 들어요
학습 목표 음운 구별	어휘나 표현에 집중한 부분 듣기	주제, 기능과 관련된 다양한 듣기		표현, 기능 등이 확장된 듣기

읽기

도입	읽어요 1	읽어요 2~3	자기 평가	더 읽어요
학습 목표 생각해 봐요	어휘나 표현에 집중한 부분 읽기	주제, 기능과 관련된 다양한 읽기		표현, 기능 등이 확장된 읽기

쓰기

도입	써요 1	써요 2	자기 평가
학습 목표	어휘나 표현에 집중한 문장 단위 쓰기	주제, 기능에 맞는 담화 차원의 쓰기	

▶ 교재의 앞부분에는 '이 책의 특징'을 배치했고, 교재의 뒷부분에는 '정답'과 '듣기 지문', '어휘 찾아보기', '문법 찾아보기'를 부록으로 넣었습니다.

▶ 모든 듣기는 MP3 파일 형태로 내려받아 들을 수 있습니다.

《고려대 재미있는 한국어 1》의 목표

일상생활에서의 간단한 의사소통을 할 수 있습니다. 인사, 일상생활, 물건 사기, 하루 일과, 음식 주문, 휴일 계획, 날씨 등에 대해 이야기할 수 있습니다. 일상생활을 표현하는 기본 어휘와 한국어의 기본 문장을 이해하고 사용할 수 있습니다.

本书的特点

《高丽大学韩国语》和《高丽大学有趣的韩国语》是遵循"任务聚焦并考虑形式的方法"而开发的教材。《高丽大学韩国语》是涵盖了语言项目、语言技能和文化的综合教材，《高丽大学有趣的韩国语》是听、说、读、写相区分的技能教材。

《高丽大学韩国语》1A和1B包含100小时的教育内容，《高丽大学有趣的韩国语》包含听、说、读、写在内的100小时教育内容。在200小时的常规课程体系中六本书全部使用，在100小时左右的短期教育课程或海外大学的韩国语课程中，可选择符合授课目的或学习者要求的教材使用。

《高丽大学有趣的韩国语》的特点

▶ **初学韩国语的学习者也可轻松学习。**
- 配合韩国语标准教育课程，降低了难度水平。将准确，流畅地使用核心表达方式作为目标。
- 通过控制所呈现的语言表达方式，减少过度灌输的负担，从而集中于主题和沟通技巧。
- 以清晰易懂的方式呈现，并通过充分的练习，实现快速地学以致用。

▶ **激励学习者学习热情的，生动、有趣的教材。**
- 涉及韩语学习者最熟悉和最感兴趣的主题及沟通技巧。
- 反映韩国语学习者的特点和要求，提供实际资料，准备了有意义的课题活动。
- 及时反映了韩国人的语言生活和韩语语言环境的变化。
- 贴切生动的插画和富有立体感，品味出众的设计，增添了学习的乐趣。

《高丽大学有趣的韩国语1》的构成

▶ 本书由20个口语单元、10个听力单元、10个阅读单元和12个写作单元所构成，每个单元根据内容大约需学习1~4小时。

▶ 听说读写各单元的结构如下。

🔊 说一说	引入	学一学 1~2	口语 1~3	自我评价
	学习目标 想一想	展示主题以及履行功能所需的词汇和语法，并进行练习	·形式练习、有意义的练习 ·口语交际任务 ·角色扮演/结对活动/做游戏等	

🎧 听一听	引入	听力 1	听力 2~3	自我评价	再听一听
	学习目标 分辨音韵	集中于词汇及表达方式部分的精听	与主题、技能相关的各类泛听		对表达方式和技能进行的扩展泛听

📖 读一读	引入	阅读 1	阅读 2~3	自我评价	再读一读
	学习目标 想一想	集中于词汇及表达方式部分精读	与主题、技能相关的各类泛读		对表达方式和技能进行的扩展泛读

✏️ 写一写	引入	写作 1	写作 2	自我评价
	学习目标	集中于词汇及表达方式的句子写作	与主题，技能相符的语篇写作	

▶ 教材的前面加入"本书的特点"、教材的后面则以附录形式收录了"正确答案"、"听力原文"、"词汇索引"和"语法索引"。

▶ 所有听力内容均可以MP3文件格式下载，供学习者进行听力练习。

《高丽大学有趣的韩国语1》的目标

能在日常生活中进行简单的沟通。能对打招呼、日常生活、买东西、每天日程、点菜、假期计划和天气等进行对话。能够理解并使用表达日常生活的基本词汇与韩语的基本句型。

단원 제목 单元的题目 ◀

학습 목표 学习目标 ◀

- 단원의 의사소통 목표입니다.
  本单元的交际目标。

생각해 봐요 想一想 ◀

- 그림이나 사진을 보며 단원의 주제 또는 기능을 생각해
  봅니다.
  看图片或照片，想一想本单元所涉及的主题和技能。

배워요 学一学 ◀

- 단원의 주제를 표현하거나 의사소통 기능을 수행하는 데
  필요한 어휘나 문법 항목입니다.
  表达单元主题或履行交际功能时所需的词汇和语法项
  目。

말해요 2, 3 说一说 2, 3 ◀

- 의사소통 목표를 달성하기 위한 말하기 과제 활동입니다.
  为达到语言交际目标而进行的会话练习活动。

- 게임, 역할극 등으로 활동 유형이 다양하게 제시되며 짝
  활동, 소그룹 활동, 교실 밖 활동 등으로 활동 방식의 변
  화를 주어 진행합니다.
  安排了游戏、角色扮演等丰富多样的活动类型，通过
  结对活动，小组活动、课外活动等，以多变的活动形
  式来进行。

자기 평가 自我评价 ◀

- 학습 목표의 달성 여부를 학습자가 스스로 점검합니다.
  由学习者自我检查是否达到了学习目标。

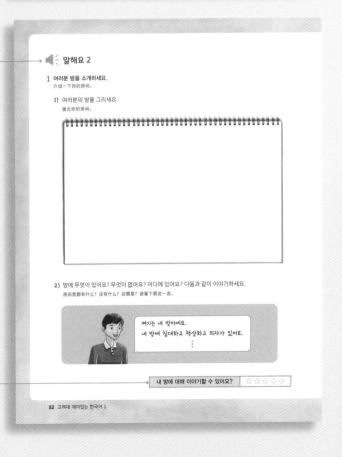

말하기 8_단위 명사 43

말해요 1 说一说 1

- '배워요' 단계에서 학습한 어휘 및 문법 표현을 숙달하기 위한 말하기 연습 활동입니다.
  为了熟练掌握在'学一学'阶段学习的词汇及语法表达方式而进行的会话练习活动。

말하기 4_일상생활 29

더 말해요 再说一说

- 확장된 말하기 과제 활동입니다. 실제적이고 유의미한 맥락에서 의사소통 목적에 초점을 두고 말하기를 수행합니다.
  有所扩展的口语练习活动。在贴近现实和有意义的场景中，将重点放在语言交际目的上而进行的口语练习。

- 교육 과정이나 학습자 수준에 따라 선택적으로 활동을 합니다.
  可根据教学课程或学习者的水平有选择地进行活动。

말하기

说一说

차례 目录

부록

한국어 수업 韩语课

 한국어 수업에서 자주 쓰는 표현을 말할 수 있다.

생각해 봐요

● 다음 사진을 보세요. 이 사람은 무엇을 해요?
看下面的照片。这个人在做什么?

배워요

1 다음 표현을 배워요.
学习下面的表达方式。

1)

읽으세요.
读一读.

2)

쓰세요.
写一写.

3)

들으세요.
听一听。

4)

이야기하세요.
说一说。

5)

책을 펴세요.
请把书打开。

6)

칠판을 보세요.
请看黑板。

7)
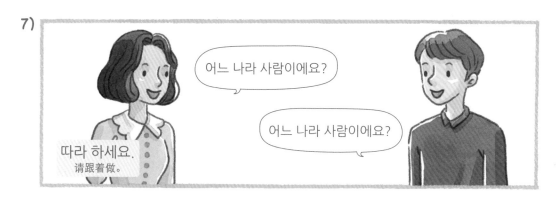
어느 나라 사람이에요?
어느 나라 사람이에요?
따라 하세요.
请跟着做。

8)

어느 나라 사람이에요?
중국 사람이에요.
대답하세요.
请回答。

9)

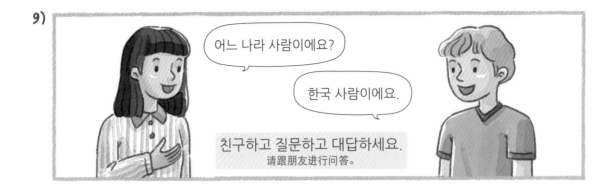

10)

🔊 **말해요**

1 다음 그림을 보고 이야기하세요.
　　请看下图说一说。

1)

2)

3)

4)

5)

이름이 뭐예요?

서하준이에요.

2 배운 표현을 친구한테 말하세요. 친구가 말하면 그대로 행동하세요.
用学过的表达方式跟朋友聊一聊。按照朋友说的话去做。

한국어 수업에서 자주 쓰는 표현을 말할 수 있어요? ☆ ☆ ☆ ☆ ☆ ☆

말하기 2
인사 打招呼

생각해 봐요

● 다음 사진을 보세요. 이 사람들은 무엇을 해요?
看下面的照片。这些人在做什么?

배워요

1 다음 표현을 배워요.
学习下面的表达方式。

1)

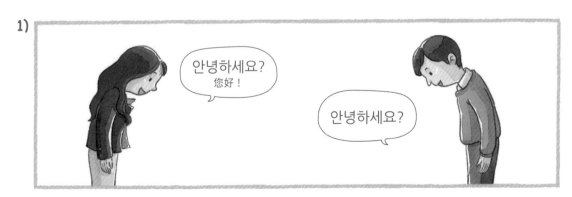

안녕하세요?
您好！

안녕하세요?

2)

3)

4)

5)
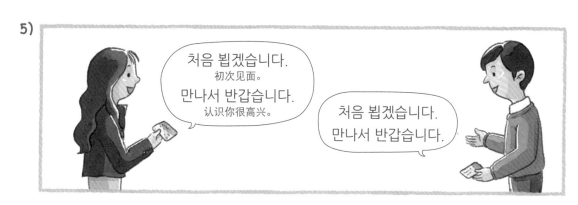

6)

안녕히 주무셨어요?
睡得好吗？

7)

안녕히 주무세요.
晚安！

8)

잘 먹겠습니다.
我要开动啦！

9)

사랑해요.
我爱你。

🔊 말해요

1 다음 그림을 보고 이야기하세요.
请看下图说一说。

1)

2)

3)

4)

5)

6)

2 오늘부터 한국어로 인사하세요.
从今天起用韩语打招呼吧。

한국어로 인사를 할 수 있어요? ☆ ☆ ☆ ☆ ☆

말하기 3
자기소개 自我介绍

자기소개를 할 수 있다.

🔊 말해요 1

1 다음과 같이 이야기하세요.
按下面的方式说一说。

이름이 뭐예요?

다니엘 클라인이에요.

• 일상 대화에서는 '무엇이에요?'를 '뭐예요?'로 말해요.
在日常对话中通常将'무엇이에요?'说成'뭐예요?'。

1)

이현수   김고은

2)
퓨   아흐마드

3)
흐엉   리리

4)

사야카   데이비드

말해요 2

1 다음 표현을 배워요.
学习下面的表达方式。

| 나라 国家 | ▼ | 🔍 |

캐나다   우즈베키스탄   인도네시아   페루

어디에서 왔어요?

독일에서 왔어요.

| 나라 + 에서 왔어요 | ▼ | 🔍 |

2 다음과 같이 이야기하세요.
请看下图说一说。

가 어느 나라 사람이에요?
나 칠레 사람이에요.

가 어디에서 왔어요?
나 칠레에서 왔어요.

1)   2)   3)   4)

5)   6)   7)   8)

9)   10)   11)   12)

🔊 말해요 3

1 다음 표현을 배워요.
학습下面的表达方式。

직업 职业

경찰   요리사   주부   배우

2 다음과 같이 이야기하세요.
请看下图说一说。

가 직업이 뭐예요?

나 저는 회사원이에요.

1)

2)

3)

4)

5)

6)

7)

8)

말해요 4

1 다른 반 친구를 만나서 자기소개를 하세요.
在别的班同学面前做一次自我介绍。

자기소개를 할 수 있어요? ☆ ☆ ☆ ☆ ☆

더 말해요

● 다음 사람이 되어 친구하고 이야기하세요.
　扮成下面的人，跟朋友聊一聊。

 이현수
한국
대학생

 노엘라
프랑스
가수

 하리마
이집트
회사원

 에밀리아
호주
배우

 아흐마드
사우디아라비아
의사

 빌궁
몽골
요리사

 패트릭
캐나다
운동선수

 사야카
일본
주부

 흐엉
베트남
경찰

 후안
페루
선생님

말하기 4
일상생활 日常生活

 일상생활에 대해 묻고 대답할 수 있다.

 말해요

1 다음과 같이 이야기하세요.
请看下图说一说。

가 뭐 해요?
나 티브이를 봐요.

- '무엇을 해요?'는 일상 대화에서 '뭐 해요?'로 말해요.
'무엇을 해요?'在日常对话中通常说成 '뭐 해요?'。

2 여러분은 지금 무엇을 해요? 친구하고 이야기하세요.

你现在在做什么? 跟朋友聊一聊。

3 다음과 같이 이야기하세요.

请看下图说一说。

가 책이 어때요?

나 재미있어요.

4 여러분의 교실, 물건은 어때요? 친구하고 이야기하세요.

你的教室, 物品怎么样? 跟朋友聊一聊。

일상생활에 대해 묻고 대답할 수 있어요?	☆ ☆ ☆ ☆ ☆

🔊 더 말해요

● 다음과 같이 이야기하세요.
请看下图说一说。

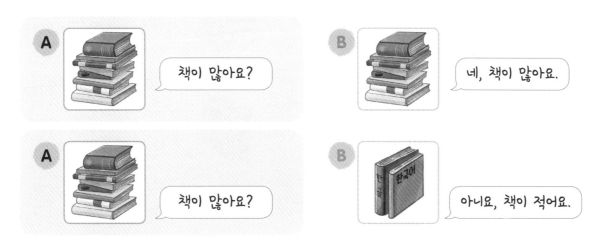

1 ⬚을 보고 친구한테 질문하세요.
看 ⬚ 向朋友提问。

2 친구의 질문을 듣고 ⬚을 보며 대답하세요.
听朋友的问题，看 ⬚ 回答。

● 다음과 같이 이야기하세요.
请看下图说一说。

A 책이 많아요?

B 네, 책이 많아요.

A 책이 많아요?

B 아니요, 책이 적어요.

1 친구의 질문을 듣고 [   ]을 보며 대답하세요.
看 [   ] 向朋友提问。

2 [   ]을 보고 친구한테 질문하세요.
听朋友的问题，看 [   ] 回答。

말하기 5
지시어 指示语

 지시어를 사용해 묻고 대답할 수 있다.

 생각해 봐요

● 다음 그림을 보세요. 이 사람들은 무슨 이야기를 해요?
看下图，这些人在聊什么？

배워요

1 다음 표현을 배워요.
学习下面的表达方式。

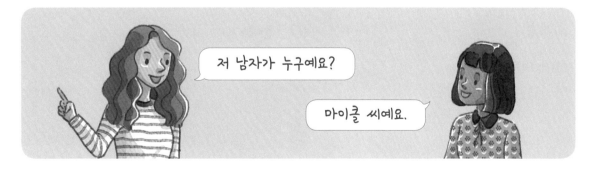

저 남자가 누구예요?

마이클 씨예요.

• 사람을 물을 때는 '누구예요?'로 말해요.
  询问是谁的时候用'누구예요?'提问。

사람   남자   여자   아이

1) 가 저 여자가 지아 씨예요?

    나 네, 맞아요.

          맞다 正确，对

2) 가 선생님, 이 사람이 다니엘 씨예요.

    나 만나서 반가워요, 다니엘 씨.

2 다음 표현을 배워요.

学习下面的表达方式。

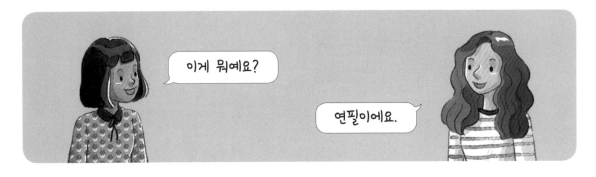

이게 뭐예요?

연필이에요.

1) 가 저게 뭐예요?

    나 시계예요.

2) 가 그거 커피예요?

    나 아니요, 이거 물이에요.

• 일상 대화에서 '이것'은 '이거'로, '이것이'는 '이게'로,
'이것은'은 '이건'으로, '이것을'은 '이걸'로 말해요.

在日常对话中，通常将 '이것' 说成 '이거', '이것이' 说成
'이게', '이것은' 说成 '이건', '이것을' 说成 '이걸'。

3 다음 표현을 배워요.
学习下面的表达方式。

이거 누구 거예요?

그거 제 거예요.

- '의'는 뒤의 명사가 앞의 명사의 소유이거나 뒤의 명사가 앞의 명사에 소속됨을 나타내요.
일상 대화에서는 생략되는 경우가 많아요. '나의'는 '내', '저의'는 '제'로 줄여 사용해요.
  '의' 表示后一名词为前一名词所有，或后一名词属于前一名词。在日常对话中省略的情况较为普遍。
  '나의' 缩写成 '내', '저의" 缩写成 '제' 使用。

  선생님의 물 → 선생님 물　　　　나의 책 → 내 책　　　　저의 가방 → 제 가방

---

1) 가 이 우산 두엔 씨 거예요?

나 아니요, 웨이 씨 우산이에요.

2) 가 이 아이가 무함마드 씨 딸이에요?
　　　　　　　　　　　　↳女儿

나 네, 맞아요.

🔊 말해요

1 다음과 같이 이야기하세요.
请看下图说一说。

이 사람은 카밀라 씨예요.
칠레 사람이에요.

지시어를 사용해 묻고 대답할 수 있어요? ☆ ☆ ☆ ☆ ☆

말하기 6
숫자 数字

숫자를 읽고 말할 수 있다.

생각해 봐요

● 모두 얼마예요? 다음 숫자를 말하세요.
一共多少钱? 说出下列数字。

135,120원

말해요

1 다음과 같이 이야기하세요.
请看下图说一说。

1,234			1	2	3	4
			천	이백	삼십	사
12,345		1	2	3	4	5
		만	이천	삼백	사십	오
123,456	1	2	3	4	5	6
	십	이만	삼천	사백	오십	육

1)	8						8
2)	43					4	3
3)	607				6	0	7
4)	9,031			9	0	3	1
5)	12,185		1	2	1	8	5
6)	310,914	3	1	0	9	1	4

2 다음 숫자를 읽으세요.

读出下列数字。

1) 93

2) 305

3) 711

4) 4,200

5) 6,034

6) 15,500

7) 87,243

8) 110,650

9) 343,120

3 친구하고 숫자를 말하세요.
跟朋友说一说数字。

A **1)** 다음 숫자를 친구한테 말하세요.
对朋友说出下面的数字。

① 37   ② 490   ③ 2,169   ④ 8,502

⑤ 10,443   ⑥ 51,030   ⑦ 219,600   ⑧ 706,250

⑨   ⑩   ⑪   ⑫

⑬   ⑭   ⑮   ⑯

2) 친구가 말하는 숫자를 듣고 쓰세요.
听朋友读数字，并把它们写下来。

① [   ]   ② [   ]   ③ [   ]   ④ [   ]

⑤ [   ]   ⑥ [   ]   ⑦ [   ]   ⑧ [   ]

⑨ [   ]   ⑩ [   ]   ⑪ [   ]   ⑫ [   ]

⑬ [   ]   ⑭ [   ]   ⑮ [   ]   ⑯ [   ]

B **1)** 친구가 말하는 숫자를 듣고 쓰세요.

听朋友读数字，并把它们写下来。

① [ ] ② [ ] ③ [ ] ④ [ ]

⑤ [ ] ⑥ [ ] ⑦ [ ] ⑧ [ ]

⑨ [ ] ⑩ [ ] ⑪ [ ] ⑫ [ ]

⑬ [ ] ⑭ [ ] ⑮ [ ] ⑯ [ ]

2) 다음 숫자를 친구한테 말하세요.

对朋友说出下面的数字。

① 61   ② 350   ③ 2,248   ④ 7,096

⑤ 20,343   ⑥ 83,000   ⑦ 129,750   ⑧ 913,400

⑨   ⑩   ⑪   ⑫

⑬   ⑭   ⑮   ⑯

4 '3 · 6 · 9' 게임을 알아요? 친구들하고 같이 하세요.

你知道'３·６·９'游戏吗？跟朋友一起做游戏吧。

숫자를 읽고 말할 수 있어요?	☆ ☆ ☆ ☆ ☆

말하기 7
전화번호 电话号码

전화번호를 묻고 대답할 수 있다.

 생각해 봐요

● 다음을 보세요. 전화번호를 어떻게 읽을까요?
看以下内容，电话号码怎么读?

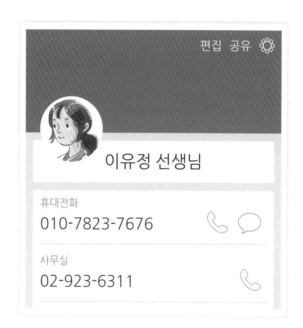

편집 공유 ⚙

이유정 선생님

휴대전화
010-7823-7676 📞 💬

사무실
02-923-6311 📞

🔊 말해요 1

1 전화번호를 읽어요.
读出电话号码。

0 2 - 3 2 9 0 - 4 2 3 0
공 이   삼 이 구 공   사 이 삼 공

공 일 공   육 구 사 삼 의 팔 칠 구 사

🔊 말해요 2

1 다음과 같이 이야기하세요.
请看下图说一说。

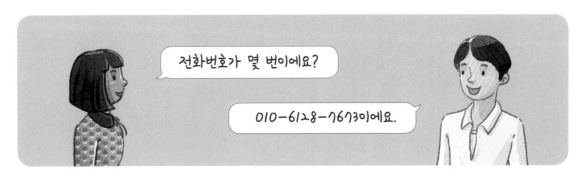

전화번호가 몇 번이에요?

010-6128-76730이에요.

1) 768-8007

2) 3671-0532

3) 02-3449-7139

4) 010-7027-1329

2 친구들한테 전화번호를 물어보세요.
向朋友问一问电话号码。

🔊 말해요 3

1 다음과 같이 이야기하세요.
请看下图说一说。

고려대학교 전화번호가 어떻게 돼요?

02-3290-1549예요.

1) 고려식당   2286-0127

2) 고려은행   3701-4225

3) 고려우체국   02-2155-9028

4) 사무실   02-3149-6114

2 한국어 센터 사무실의 전화번호를 물어보세요.
问一问韩国语中心办公室的电话号码。

전화번호를 묻고 대답할 수 있어요? ☆ ☆ ☆ ☆ ☆ ☆

단위 명사 单位名词

단위 명사를 사용해 말할 수 있다.

 생각해 봐요

● 다음 사진을 보세요. 어떻게 말해요?
看下面的照片，该怎么说才好？

세 개?
세 명?

 배워요

1 다음 표현을 배워요.
学习下面的表达方式。

단위 명사 单位名词					
명	마리	병	잔	권	살

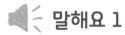

말해요 1

1 다음과 같이 이야기하세요.
请看下图说一说。

2 다음 그림을 보고 무엇이 얼마나 있는지 묻고 답하세요.

看下图，对什么东西有多少进行提问和回答。

🔊 말해요 2

1 다음과 같이 이야기하세요.

请看下图说一说。

몇 살이에요?

스무 살이에요.

11살	12살	13살	14살	15살
열한 살	열두 살	열세 살	열네 살	열다섯 살
16살	17살	18살	19살	20살
열여섯 살	열일곱 살	열여덟 살	열아홉 살	스무 살
21살	22살	23살	24살	30살
스물한 살	스물두 살	스물세 살	스물네 살	서른 살
40살	50살	60살	70살	80살
마흔 살	쉰 살	예순 살	일흔 살	여든 살

2 친구하고 나이를 묻고 대답하세요.
跟朋友对年龄进行提问和回答。

이름	나이

이름	나이

단위 명사를 사용해 말할 수 있어요?	☆ ☆ ☆ ☆ ☆

말하기 9
위치 位置

 생각해 봐요

● 다음 사진을 보세요. 무엇이 어디에 있어요?
　看下面的照片，什么东西在哪里？

배워요

1 다음 표현을 배워요.
学习下面的表达方式。

위치 位置 ▼ 🔍

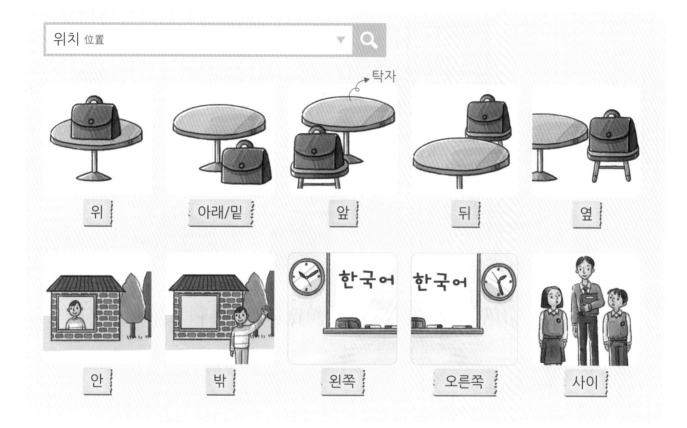

탁자

| 위 | 아래/밑 | 앞 | 뒤 | 옆 |

| 안 | 밖 | 왼쪽 | 오른쪽 | 사이 |

1) 가 우산이 어디에 있어요?
　　나 의자 밑에 있어요.

2) 가 편의점이 어디에 있어요?
　　나 저 건물 안에 있어요.
　　　　　↳建筑物

사람/물건 이/가 장소 에 있다/없다 ▼ 🔍

🔊 말해요

1 다음과 같이 이야기하세요.
请看下图说一说。

가 휴대폰이 어디에 있어요?
나 컴퓨터 옆에 있어요.

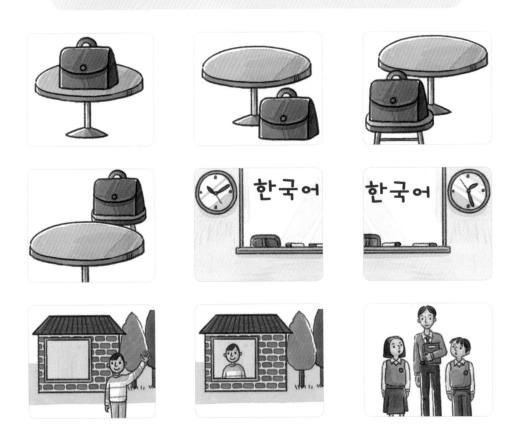

2 교실에 무엇이 있어요? 어디에 있어요? 이야기하세요.
教室里有什么? 在哪里? 请说一说。

| 물건의 위치를 묻고 대답할 수 있어요? | ☆ ☆ ☆ ☆ ☆ |

말하기 10
내 방 我的房间

 내 방에 대해 이야기할 수 있다.

 생각해 봐요

● 다음 사진을 보세요. 무엇이 있어요? 어때요?
　看下面的照片，都有什么？怎么样？

배워요

1 다음 표현을 배워요.
学习下面的表达方式。

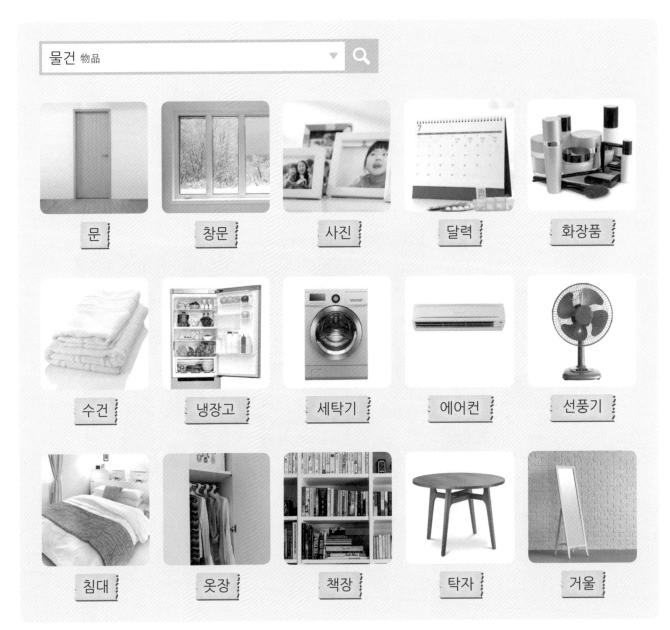

물건 物品

문	창문	사진	달력	화장품
수건	냉장고	세탁기	에어컨	선풍기
침대	옷장	책장	탁자	거울

🔊 말해요 1

1 다음과 같이 이야기하세요.
请看下图说一说。

X

가 방에 책장이 있어요?

나 아니요, 책장이 없어요.

옷장 옆

가 거울이 어디에 있어요?

나 거울이 옷장 옆에 있어요.

1) 옷장	2) 가방	3) 고양이
4) 선풍기	5) 창문	6) 컴퓨터

2 여러분 방에 무엇이 있어요? 무엇이 없어요? 친구하고 이야기하세요.
你的房间里都有什么? 没有什么? 跟朋友聊一聊。

1 여러분 방을 소개하세요.

介绍一下你的房间。

1) 여러분의 방을 그리세요.

画出你的房间。

2) 방에 무엇이 있어요? 무엇이 없어요? 어디에 있어요? 다음과 같이 이야기하세요.

房间里都有什么? 没有什么? 在哪里? 请看下图说一说。

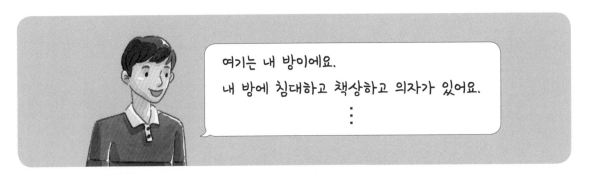

여기는 내 방이에요.
내 방에 침대하고 책상하고 의자가 있어요.
⋮

내 방에 대해 이야기할 수 있어요?	☆ ☆ ☆ ☆ ☆

말하기 11
날짜와 요일 日期与星期

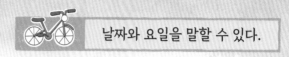

날짜와 요일을 말할 수 있다.

🔦 생각해 봐요

● 다음 달력을 보세요. 한국어로 어떻게 말해요?
看下面的日历，用韩语该怎么说？

📖 배워요

1 다음 표현을 배워요.
学习下面的表达方式。

| 월 月 | | ▼ | 🔍 |

| 1월 | 2월 | ... | 6월
(유월) | ... | 10월
(시월) | ... | 12월 |

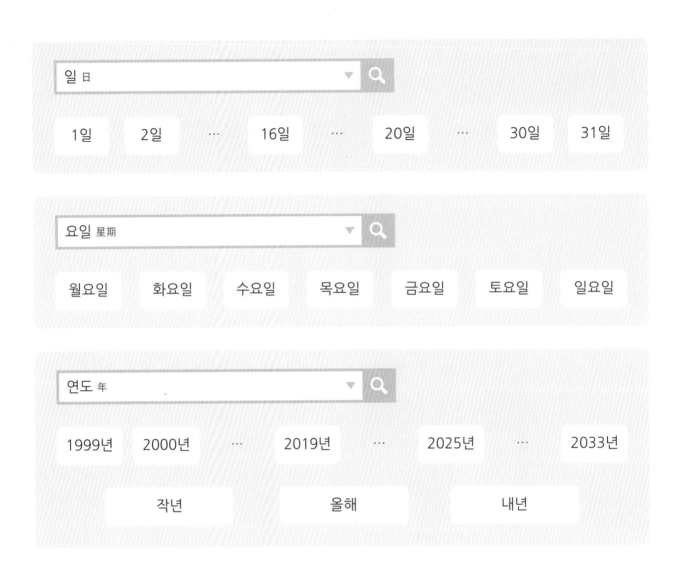

| 일 日 | ▼ | 🔍 |

1일　　2일　…　16일　…　20일　…　30일　31일

| 요일 星期 | ▼ | 🔍 |

월요일　화요일　수요일　목요일　금요일　토요일　일요일

| 연도 年 | ▼ | 🔍 |

1999년　2000년　…　2019년　…　2025년　…　2033년

작년　　올해　　내년

 말해요 1

1 다음과 같이 이야기하세요.
请看下图说一说。

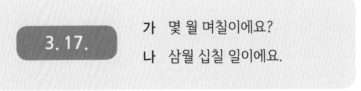

3. 17.

가 몇 월 며칠이에요?
나 삼월 십칠 일이에요.

① 2. 14.　　② 6. 6.　　③ 8. 31.　　④ 12. 5.

2 다음 질문에 답하세요.
回答下面的问题。

1) 지금 몇 월이에요?
现在是几月?

2) 오늘이 며칠이에요?
今天是几号?

生日 ⤸
3) 생일 이 언제예요?
你的生日是几月几号?

🔊 말해요 2

1 다음과 같이 이야기하세요.
请看下图说一说。

 수요일

가 무슨 요일이에요?
나 수요일이에요.

① 월요일   ② 목요일   ③ 토요일   ④ 일요일

2 다음 질문에 답하세요.
回答下面的问题。

1) 오늘이 무슨 요일이에요?
今天是星期几?

2) 생일이 무슨 요일이에요?
你的生日是星期几?

말해요 3

1 다음과 같이 이야기하세요.
请看下图说一说。

> 2023
>
> 가 몇 년이에요?
> 나 이천이십삼 년이에요.

① 2021   ② 1988   ③ 2005   ④ 2049

2 다음 질문에 답하세요.
回答下面的问题。

1) 올해가 몇 년이에요?

今年是哪一年?

2) 내년이 몇 년이에요?

明年是哪一年?

날짜와 요일을 말할 수 있어요? ☆ ☆ ☆ ☆ ☆

말하기 12
가족 家族

 생각해 봐요

● 다음 사진을 보세요. 누구예요?
看下面的照片。这些人是谁?

 배워요

1 다음 표현을 배워요.
学习下面的表达方式。

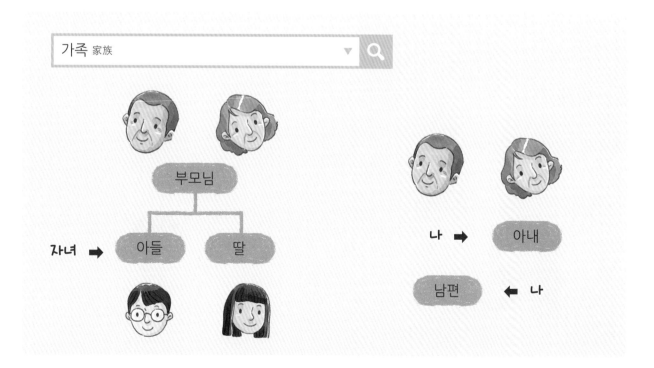

가족 家族

부모님

자녀 ➡ 아들   딸

나 ➡ 아내

남편 ⬅ 나

2 다음 표현을 배워요.
学习下面的表达方式。

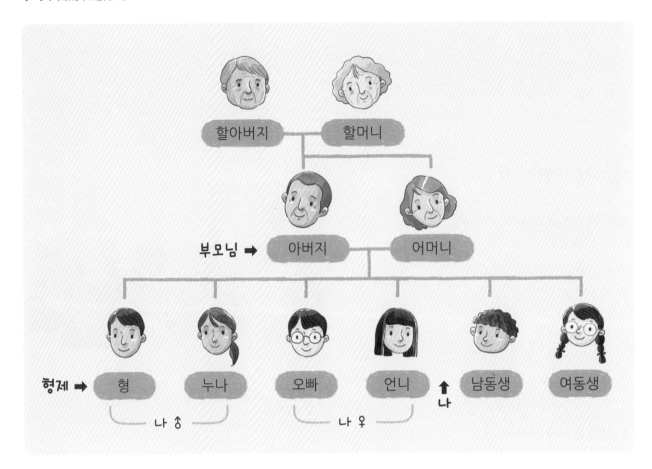

할아버지   할머니

부모님 ➡ 아버지   어머니

형제 ➡ 형   누나   오빠   언니   ↑ 남동생   여동생
                                        나
        나 ♂   나 ♀

🔊 말해요

1 다음과 같이 이야기하세요.
请看下图说一说。

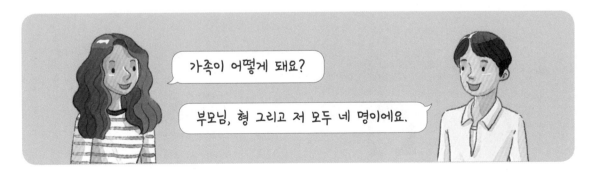

가족이 어떻게 돼요?

부모님, 형 그리고 저 모두 네 명이에요.

1)

2)

3)

4)

2 여러분의 가족은 몇 명이에요? 친구하고 이야기하세요.

你们的家里有几口人？跟朋友聊一聊。

가족에 대해 묻고 대답할 수 있어요?	☆ ☆ ☆ ☆ ☆

말하기 13
한국 생활 韓国生活

 한국 생활에 대해 이야기할 수 있다.

 생각해 봐요

● 다음을 보세요. 이 사람은 언제 했어요?
看以下内容，这个人是什么时候做的?

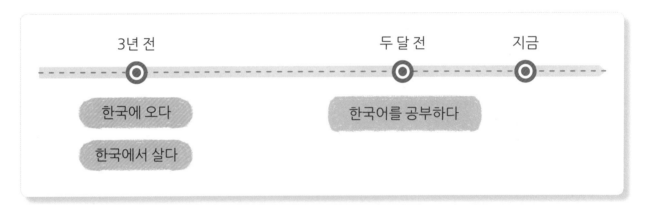

3년 전   두 달 전   지금

한국에 오다   한국어를 공부하다

한국에서 살다

 배워요

1 다음 표현을 배워요.
学习下面的表达方式。

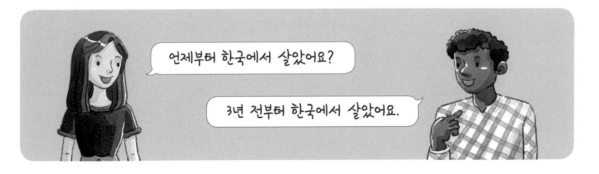

언제부터 한국에서 살았어요?

3년 전부터 한국에서 살았어요.

1) 가 언제부터 한국어를 공부했어요?

나 두 달 전부터 한국어를 공부했어요.

2) 가 언제부터 그 사람을 좋아했어요?

나 작년부터 좋아했어요.

시간	부터	동/형 [-았어요]	▼	🔍

 **말해요 1**

1 다음과 같이 이야기하세요.
请看下图说一说。

> 이 일을 하다
>
> 10년 전
>
> 가 언제부터 이 일을 했어요?
> 나 십 년 전부터 했어요.

1)
> 운동하다
>
> 열 살[때]
> →时候

2)
> 여기에 있다
>
> 30분 전

3)
> 아프다
>
> 어제 저녁

4)
> 바쁘다
>
> 지난주

5)
> 그 사람하고 사귀다
>
> 12월 24일

6)
> 여기에서 공부하다
>
> 6월 10일

2 언제부터 했어요? 다음 표에 메모하고 친구하고 이야기하세요.
从什么时候开始做的? 记在下面表格中跟朋友聊一聊。

질문	대답
한국에 살다	
한국어를 공부하다	
이 학교에 다니다	

말해요 2

1 다음 표현을 배워요.
学习下面的表达方式。

느낌 感觉

좋다　　힘들다　　피곤하다　　심심하다　　외롭다

2 다음과 같이 이야기하세요.

请看下图说一说。

가 요즘 생활이 어때요?

나 재미있고 좋아요.

가 요즘 생활이 어때요?

나 재미있어요. 그렇지만 조금 외로워요.

1)

2)

3)

4)

3 친구들은 요즘 생활이 어때요? 친구하고 이야기하세요.

朋友们最近的生活怎么样? 跟朋友聊一聊。

한국 생활에 대해 이야기할 수 있어요?	☆ ☆ ☆ ☆ ☆

말하기 14

음식 食物

 생각해 봐요

● 다음 사진을 보세요. 여기는 어디예요?
看下面的照片。这里是哪里?

 배워요

1 다음 표현을 배워요.
学习下面的表达方式。

음료 饮料

따뜻한 아메리카노   아이스 아메리카노   카페라테

오렌지 주스   딸기 주스   핫 초코   녹차   홍차

2 다음 표현을 배워요.
学习下面的表达方式。

뜨거운 걸로 드릴까요, 차가운 걸로 드릴까요?

따뜻한 걸로 주세요.

드시고 가실 거예요?

아니요, 포장해 주세요.

아니요, 가져갈 거예요.

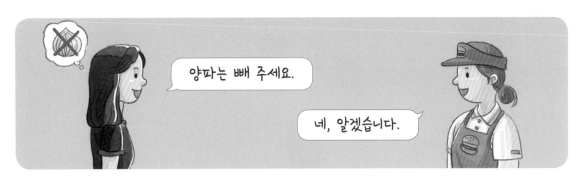

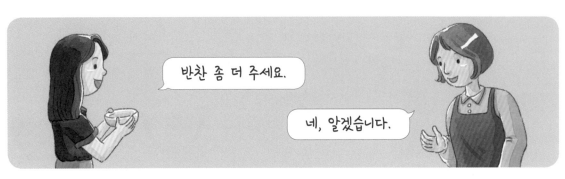

말해요

1 다음 메뉴를 보고 점원과 손님이 되어 이야기하세요.

看下面的菜单，扮成店员与客人进行对话。

행복한 분식

KU김밥	3,500원	라면	4,000원
치즈김밥	4,000원	치즈라면	4,500원
참치김밥	4,000원	떡라면	4,500원

BIG BURGERS
Very tasty food

-15%

RESTAURANT MENU

KUburgers
RESTAURANT MENU

BURGERS

KU버거	5,000원
치킨버거	5,500원
새우버거	5,500원
불고기버거	6,000원
KU버거 세트	6,000원

FRIES

감자튀김
1,000원

DRINKS

콜라, 사이다
1,500원

KUburgers.com

음식을 주문할 수 있어요? ☆ ☆ ☆ ☆ ☆

말하기 15
휴일 假期

휴일에 하는 일을 말할 수 있다.

 생각해 봐요

● 다음 사진을 보세요. 여러분은 휴일을 어떻게 보내요?
看下面的照片。你如何度过休息日？

말해요

1 여러분은 보통 휴일을 어떻게 보내요? 친구하고 이야기하세요.
你通常如何度过休息日？跟朋友聊一聊。

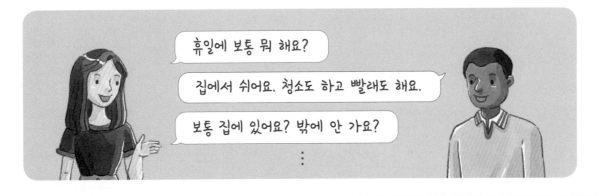

휴일에 보통 뭐 해요?

집에서 쉬어요. 청소도 하고 빨래도 해요.

보통 집에 있어요? 밖에 안 가요?

⋮

2 고향에서는 휴일을 어떻게 보냈어요? 친구하고 이야기하세요.

在家乡的时候你是怎么度过休息日的？跟朋友聊一聊。

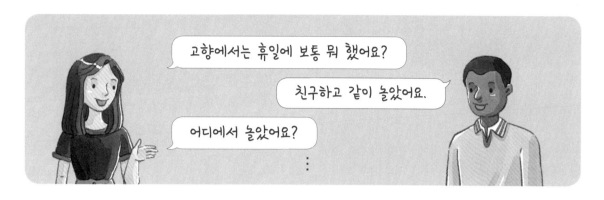

3 이번 주말에 무엇을 할 거예요? 친구하고 이야기하세요.

这个周末你打算做什么？跟朋友聊一聊。

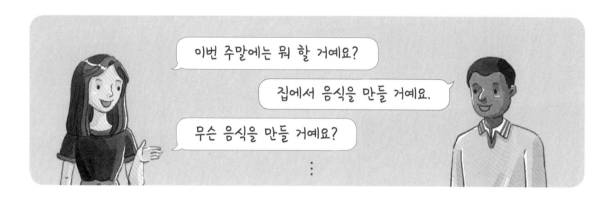

4 이제 곧 방학이에요. 방학에는 무엇을 할 거예요? 친구하고 이야기하세요.

马上就要放假了，放假期间打算做什么？跟朋友聊一聊。

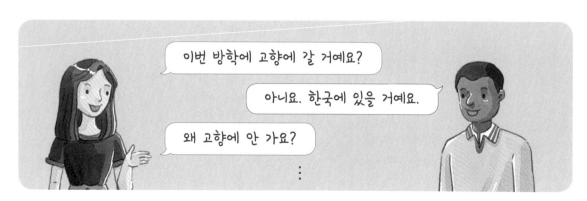

| 휴일에 하는 일을 말할 수 있어요? | ☆ ☆ ☆ ☆ ☆ |

말하기 16

약속 约定

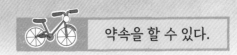
약속을 할 수 있다.

생각해 봐요

● 다음 수첩을 보세요. 토요일에 약속이 있어요?
看下面的手册，星期六有约吗？

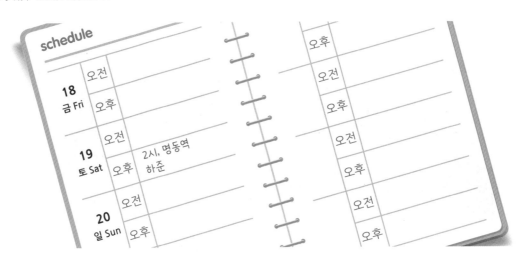

말해요 1

1 다음 표현을 배워요.
学习下面的表达方式。

1) 가 내일 오후에 시간이 있어요?
　　나 네, 괜찮아요.

2) 가 이번 주 토요일에 시간이 있어요?
　　나 미안해요. 그날 약속이 있어요.

3) 가 주말에 웨이 씨하고 만날 거예요?
　　나 네, 만날 거예요. 어제 약속했어요.

2 다음과 같이 이야기하세요.
학습看下图说一说。

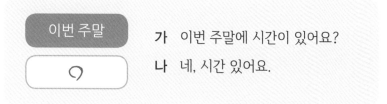

| 이번 주말 | 가 이번 주말에 시간이 있어요? |
| ○ | 나 네, 시간 있어요. |

1) 오늘 오후 ○　　**2)** 내일 저녁 ✕　　**3)** 이번 주 토요일 ?

🔊 말해요 2

1 다음 표현을 배워요.
学习下面的表达方式。

우리 언제 만날까요?

토요일에 만나요.

1) 가 이번 주말에 어디에 갈까요?

나 홍대에 가요.

2) 가 내일 오후에 만날까요?

나 미안해요. 내일은 바빠요. 다음에 만나요.

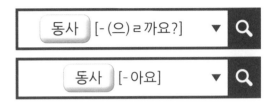

2 다음과 같이 이야기하세요.

请看下图说一说。

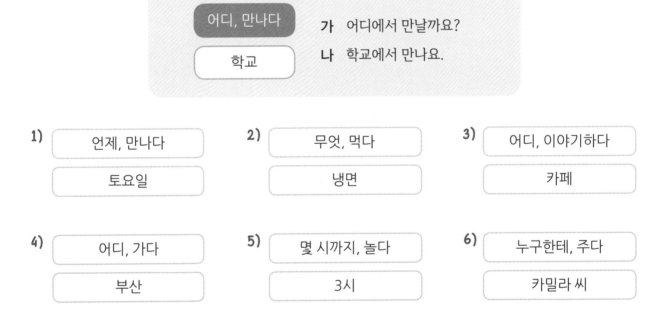

어디, 만나다

가 어디에서 만날까요?

학교

나 학교에서 만나요.

1) 언제, 만나다

토요일

2) 무엇, 먹다

냉면

3) 어디, 이야기하다

카페

4) 어디, 가다

부산

5) 몇 시까지, 놀다

3시

6) 누구한테, 주다

카밀라 씨

🔊 말해요 3

1 다음 표현을 배워요.
学习下面的表达方式。

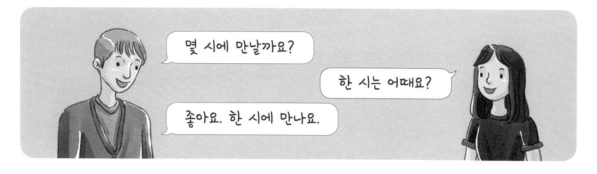

1) 가 내일 어디에 갈까요?
　　나 홍대는 어때요?

2) 가 점심에 뭐 먹을까요?
　　나 햄버거는 어때요?

명사 은/는 어때요? ▼ 🔍

2 다음과 같이 이야기하세요.
请看下图说一说。

언제, 만나다
내일 저녁

가 언제 만날까요?
나 내일 저녁은 어때요?

1) 어디, 가다
　　명동

2) 무엇, 먹다
　　불고기

3) 누구한테, 물어보다
　　지아 씨

🔊 말해요 4

1 다음과 같이 이야기하세요.
请看下图说一说。

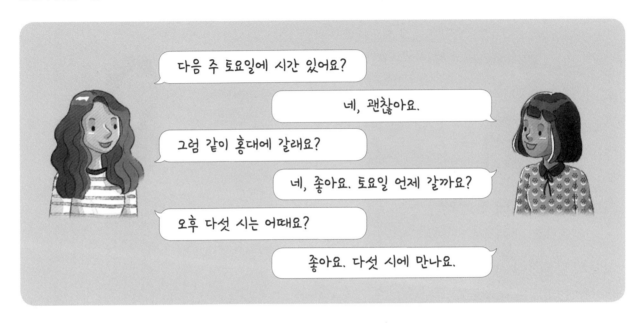

다음 주 토요일에 시간 있어요?

네, 괜찮아요.

그럼 같이 홍대에 갈래요?

네, 좋아요. 토요일 언제 갈까요?

오후 다섯 시는 어때요?

좋아요. 다섯 시에 만나요.

1)

A	B
오후?	○
쇼핑하다?	○
	어디?
백화점	○

2)

A	B
이번 주말?	○
공부하다?	○
	몇 시부터?
2시	○

2 여러분은 이번 주말에 무엇을 할 거예요? 친구하고 약속하세요.
你这个周末打算做什么？约朋友见个面。

약속을 할 수 있어요? ☆ ☆ ☆ ☆ ☆

말하기 17
교통 交通

교통편을 묻고 대답할 수 있다.

 생각해 봐요

● 다음 사진을 보세요. 무엇을 타요? 어떻게 가요?
看下面的照片，乘坐什么交通工具？如何前往？

1 다음 표현을 배워요.
学习下面的表达方式。

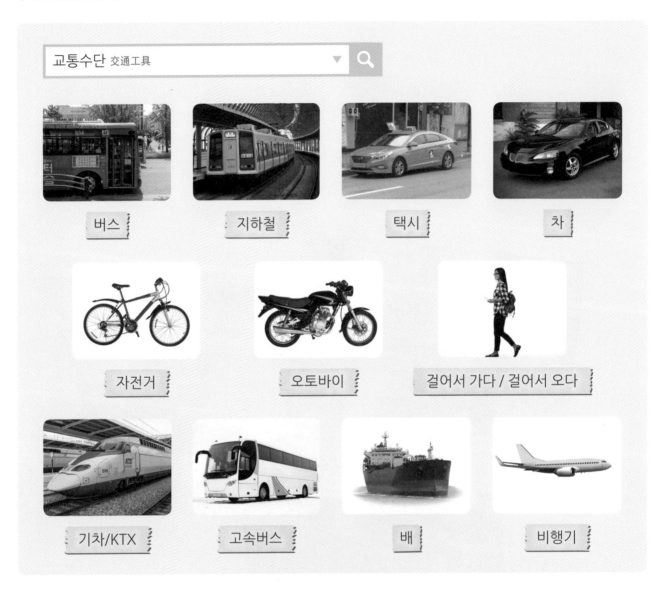

교통수단 交通工具

버스

지하철

택시

차

자전거

오토바이

걸어서 가다 / 걸어서 오다

기차/KTX

고속버스

배

비행기

회사에 어떻게 다녀요?

지하철을 타고 다녀요.

1) 가 학교에서 집까지 어떻게 와요?

　　나 걸어서 와요.

2) 가 여기에서 부산까지 뭐 타고 가요?

　　나 KTX를 타고 가요.

3) 가 명동에 어떻게 가요?

　　나 저기에서 버스를 타고 가세요.

4) 가 한국에 어떻게 왔어요?

　　나 비행기를 타고 왔어요.

2 다음과 같이 이야기하세요.

请看下图说一说。

가　회사까지 어떻게 가요?

나　지하철을 타고 가요.

1)

2)

3)

3 여러분은 어떻게 가요? 어떻게 갔어요? 친구하고 이야기하세요.
你怎么去? 以前是怎么去的? 跟朋友聊一聊。

학교/회사	명동	고향에서 학교/회사

 **말해요 2**

1 다음 표현을 배워요.
学习下面的表达方式。

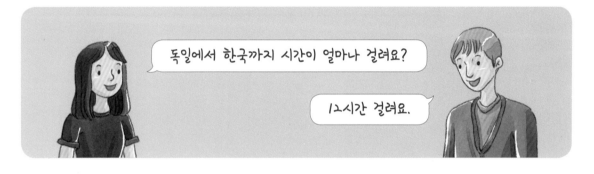

독일에서 한국까지 시간이 얼마나 걸려요?

12시간 걸려요.

1) 가 여기에서 공항까지 지하철로 시간이 얼마나 걸려요?
　　나 한 시간쯤 걸려요.

2) 가 집에서 학교까지 걸어서 얼마나 걸려요?
　　나 걸어서 15분쯤 걸려요.

3) 가 회사까지 버스로 얼마나 걸려요?
　　나 30분쯤 걸려요.

> 교통수단 으로 얼마나 걸리다 ▼ 🔍

2 다음과 같이 이야기하세요.
请看下图说一说。

30분

가 집에서 회사까지 지하철로 얼마나 걸려요?
나 지하철로 30분쯤 걸려요.

1)

40분

2)

한 시간

3)

5분

4)

20분

3 다음에 대해 친구하고 이야기하세요.
围绕下面的内容跟朋友聊一聊。

1) 여러분의 나라에서 한국까지 무엇을 타고 왔어요?

2) 여러분의 나라에서 한국까지 시간이 얼마나 걸렸어요?

교통편을 묻고 대답할 수 있어요? ☆ ☆ ☆ ☆ ☆

말하기 18
날씨 天气

날씨를 추측해서 말할 수 있다.

 생각해 봐요

● 오늘 날씨는 어때요? 내일 날씨는 어떨까요?
  今天天气怎么样? 明天的天气呢?

오늘의 날씨

 **말해요**

1 다음 표현을 배워요.
  学习下面的表达方式。

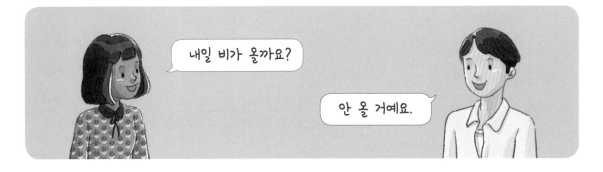

내일 비가 올까요?

안 올 거예요.

1) 가 이번 겨울에도 많이 추울까요?

나 네, 추울 거예요.

2) 가 오늘 웨이 씨가 학교에 안 왔어요. 내일은 올까요?

나 아마 올 거예요.
　　　↳大概, 也许　　↳考试

3) 가 이번 시험이 어려울까요?

나 안 어려울 거예요.

4) 가 이거 매울까요?

나 아니요, 안 매워요.

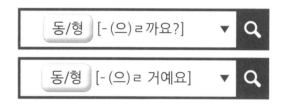

동/형 [-(으)ㄹ까요?]　▼　🔍

동/형 [-(으)ㄹ 거예요]　▼　🔍

2 다음과 같이 이야기하세요.
请看下图说一说。

가 내일 날씨가 맑을까요?

나 네, 맑을 거예요.

🌙

1)

🌙

2)

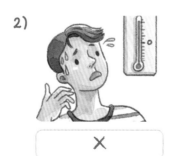

✕

3)

🌙

3 다음 지도를 보고 이야기하세요.
看下面的地图聊一聊。

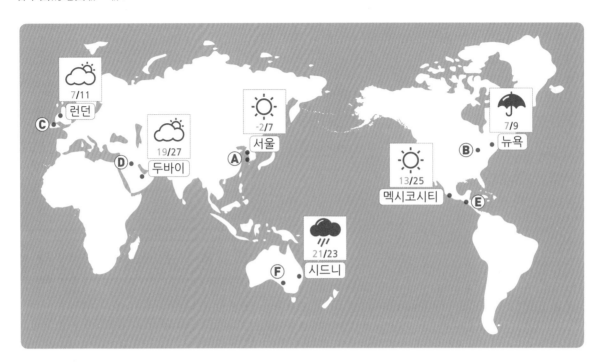

1) 다음 도시들의 날씨는 어때요? 이야기하세요.

下列城市的天气如何？请说一说。

① 서울

② 뉴욕

③ 런던

④ 두바이

⑤ 멕시코시티

⑥ 시드니

2) 다음 지역들의 날씨는 어떨까요? 추측해서 이야기하세요.

下列地区的天气如何？请推测一下，并说一说。

Ⓐ

Ⓑ

Ⓒ

Ⓓ

Ⓔ

Ⓕ

날씨를 추측해서 말할 수 있어요? ☆ ☆ ☆ ☆ ☆

말하기 19
1급 생활 1级时的生活

1급 생활이 어땠는지 이야기할 수 있다.

 생각해 봐요

● 여러분의 1급 생활은 어땠어요? 생각해 보세요.
你读1级时的生活如何? 请想一想。

1) 언제 시작했어요? 그때 날씨는 어땠어요? 여러분 기분은 어땠어요?

什么时候开始的? 那时候的天气如何? 你的心情怎么样?

2) 누구를 만났어요? 그 사람은 어때요?

都见到了谁? 那些人怎么样?

3) 1급 때 무슨 일이 있었어요? 어디에 갔어요? 무엇을 했어요? 어땠어요?

读1级的时候发生过什么事情? 去了哪里? 做了什么? 怎么样?

4) 이제 1급이 끝나요. 지금 기분은 어때요?

现在1级的学习结束了, 你的心情如何?

5) 앞으로 무엇을 할 거예요?

今后你打算做什么?

🔊 **말해요**

● 여러분의 1급 생활은 어땠어요? 위에서 생각한 것을 바탕으로 이야기하세요.
你读1级时的生活怎么样? 根据上面想到的内容聊一聊。

1급 생활이 어땠는지 이야기할 수 있어요?	☆ ☆ ☆ ☆ ☆

말하기 20
게임 游戏

1 다음 사진을 보고 질문을 다섯 개 만들고 대답을 하세요.
看以下内容，提出5个问题，跟朋友互相提问并回答。

1)

1.

2.

3.

4.

5.

2)

1.

2.

3.

4.

5.

2 다음 게임을 하세요.
做下面的游戏。

시작! Start!

1
자기소개를 하세요.

2
교실에 무엇이 있어요?
5개 이상 말하세요.

3
축하해요!
앞으로 세 칸 가세요.

4 수업이 끝나고
어디에 가요?
뭐 해요? 누구하고?

5

6
어제 날씨, 오늘 날씨가
어때요?

7
편의점에 무엇이 있어요?
5개 이상 말하세요.

8
어제 무엇을 먹었어요?
어디, 누구, 맛, 얼마?

9 지난 주말에
무엇을 했어요?
오전, 오후, 밤

10

11
500만 원이 있어요.
무엇을 하고 싶어요?

12
뒤로 다섯 칸 가세요.

13
내일 무엇을 할 거예요?
어디, 누구

끝! Finish!

어휘 찾아보기 (단원별)

말하기 1

읽으세요, 쓰세요, 들으세요, 이야기하세요, 책을 펴세요, 칠판을 보세요, 따라 하세요, 대답하세요, 친구하고 질문하고 대답하세요, 질문 있어요?, 네, 있어요, 아니요, 없어요

말하기 2

안녕하세요?, 안녕히 계세요, 안녕히 가세요, 도와줄까요?, 고마워요, 미안해요, 괜찮아요, 처음 뵙겠습니다, 만나서 반갑습니다, 안녕히 주무셨어요?, 안녕히 주무세요, 잘 먹겠습니다, 사랑해요

말하기 3

• **나라**

캐나다, 우즈베키스탄, 인도네시아, 페루

• **직업**

경찰, 요리사, 주부, 배우

말하기 5

• **사람 지칭어**

사람, 남자, 여자, 아이

• **새 단어**

맞다, 딸

말하기 8

• **단위 명사**

명, 마리, 병, 잔, 권, 살

말하기 9

• **위치**

위, 아래/밑, 앞, 뒤, 옆, 안, 밖, 왼쪽, 오른쪽, 사이

• **새 단어**

탁자, 건물

말하기 10

• **물건**

문, 창문, 사진, 달력, 화장품, 수건, 냉장고, 세탁기, 에어컨, 선풍기, 침대, 옷장, 책장, 탁자, 거울

말하기 11

• **월**

1월, 2월 … 6월(유월) … 10월(시월) … 12월

• **일**

1일, 2일 … 16일 … 20일 … 30일, 31일

• **요일**

월요일, 화요일, 수요일, 목요일, 금요일, 토요일, 일요일

• **연도**

1999년, 2000년 … 2019년 … 2025년 … 2033년, 작년, 올해, 내년

• **새 단어**

생일

• **가족**

할아버지, 할머니, 부모님, 아버지, 어머니, 형, 누나, 오빠, 언니, 남동생, 여동생, 형제
남편, 아내, 아들, 딸, 자녀

• **느낌**

좋다, 힘들다, 피곤하다, 심심하다, 외롭다

• **새 단어**

때

• **음료**

따뜻한 아메리카노, 아이스 아메리카노, 카페라테, 오렌지 주스, 딸기 주스, 핫 초코, 녹차, 홍차

• **약속**

약속을 하다, 시간이 있다, 시간이 없다, 약속이 있다, 약속이 없다, 괜찮다, 일이 있다, 바쁘다

• **교통수단**

버스, 지하철, 택시, 차, 자전거, 오토바이, 걸어서 가다/걸어서 오다, 기차/KTX, 고속버스, 배, 비행기

• **새 단어**

아마, 시험

어휘 찾아보기 (가나다순)

어휘 찾아보기 (가나다순)

문법 찾아보기

말하기 3

| 나라 | + 에서 왔어요 | ▼ | 🔍 |

- 국적이나 출신 지역을 나타낸다.
  表示国籍或出身地区。

  가 어느 나라에서 왔어요?

  나 저는 인도에서 왔어요.

말하기 5

| 의 | ▼ | 🔍 |

말하기 9

| 사람/물건 | 이/가 | 장소 | 에 있다/없다 | ▼ | 🔍 |

- 사람이나 물건이 어디에 위치하는지를 나타낸다.
  表示人或事物位于何处。

  가 웨이 씨가 어디에 있어요?

  나 카페에 있어요.

말하기 13

| 시간 | 부터 | 동/형 | [-았어요] | ▼ | 🔍 |

- 어떤 일이나 상태가 언제 시작되었는지를 나타낸다.
  表示某件事或某种状态开始于何时。

  가 언제부터 한국어를 공부했어요?

  나 3월부터 한국어를 공부했어요.

말하기 16

| 동사 | [-(으)ㄹ까요?] | ▼ | 🔍 |

- 같이 할 것을 제안할 때 사용한다.
  提议一起做某事时使用。

  가 이번 주말에 영화 볼까요?

  나 네, 좋아요.

| 동사 | [-아요] | ▼ | 🔍 |

- 같이 할 것을 제안할 때 사용한다.
  提议一起做某事时使用。

  가 이번 주말에 같이 공부해요.

  나 네, 좋아요. 어디에서 할까요?

| 명사 | 은/는 어때요? | ▼ | 🔍 |

- 좋은지 싫은지 물을 때 사용한다.
  询问是否喜欢、是否愿意时使用。

  가 이 영화는 어때요?

  나 이건 지난주에 봤어요. 저 영화를 봐요.

말하기 17

| 장소 | 에 | 교통수단 | 을/를 타고 가다 | ▼ | 🔍 |

- 목적지까지의 이동 방법을 나타낸다.
  表示移动至目的地的移动方式。

  가 학교에 뭘 타고 가요?

  나 저는 학교에 자전거를 타고 가요.

| 장소 | 에서 | 장소 | 까지 |
| 교통수단 | 을/를 타고 가다 | ▼ | 🔍 |

- 출발지에서 목적지까지의 이동 방법을 나타낸다.
  表示从出发地到目的地的移动方式。

  가 집에서 회사까지 무엇을 타고 가요?

  나 집에서 회사까지 지하철을 타고 가요.

| 교통수단 | 으로 얼마나 걸리다 | ▼ | 🔍 |

- 이동 방법과 이동 시간을 나타낸다.
  表示移动方式和移动时间。

  가 집에서 학교까지 자전거로 얼마나 걸려요?

  나 자전거로 10분쯤 걸려요.

말하기 18

| 동/형 | [-(으)ㄹ까요?] | ▼ | 🔍 |

- 어떻게 추측하는지 물을 때 사용한다.
  对对方的猜测进行询问时使用。

  가 이 영화 재미있을까요?

  나 사람들이 많이 봐요. 재미있을 거예요.

| 동/형 | [-(으)ㄹ 거예요] | ▼ | 🔍 |

- 어떤 사실에 대한 추측을 나타낸다.
  表示对某种事实的猜测。

  가 내일도 비가 올까요?

  나 내일은 비가 안 올 거예요.

문법 찾아보기

고려대
재미있는
한국어 **1** 中文版

말하기 Speaking

초판 발행	2019년 8월 12일
2판 발행	2021년 5월 20일
2판 2쇄	2023년 11월 15일
지은이	고려대학교 한국어센터
펴낸곳	고려대학교출판문화원 www.kupress.com kupress@korea.ac.kr 02841 서울특별시 성북구 안암로 145 Tel 02-3290-4230, 4232 Fax 02-923-6311
유통	한글파크 www.sisabooks.com / hangeul book_korean@sisadream.com 03017 서울시 종로구 자하문로 300 시사빌딩 Tel 1588-1582 Fax 0502-989-9592
일러스트	최주석, 황주리
편집디자인	한글파크
찍은곳	네오프린텍(주)
ISBN	979-11-90205-00-9 (세트) 979-11-90205-77-1 04710

값 12,000원